Marie-Anne Entradas

Deutsch als Zweitsprache systematisch fördern

Artikel, Präpositionen und Nomen

Weiterführende Übungen zum Themenschwerpunkt *Mein Körper*

D1618314

Die Autorin

Marie-Anne Entradas hat Lehramt an Gymnasien mit den Fächern Französisch, Geschichte und Fremdsprachendidaktik studiert. Sie unterrichtet an der Hugo-Höfler-Schule in Breisach „Deutsch als Fremdsprache" für Kinder und Jugendliche mit Migrationshintergrund.

Mit Beiträgen von Maria Stens.

Gedruckt auf umweltbewusst gefertigtem, chlorfrei gebleichtem und alterungsbeständigem Papier.

1. Auflage 2017
© 2017 Persen Verlag, Hamburg
AAP Lehrerfachverlage GmbH
Alle Rechte vorbehalten.

Grafik: Barbara Gerth
Satz: Satzpunkt Ursula Ewert GmbH, Bayreuth

ISBN: 978-3-403-20062-8

www.persen.de

Inhaltsverzeichnis

Vorwort 4

Didaktisch-methodische Hinweise 5

Spiele zum Wortschatz mit Artikel 6

Wo? Präpositionen in Bildern 10

Wohin? Präpositionen in Bildern 11

Kapitel 1:
Rund um den Körper

Wortschatz 12

Der bestimmte und unbestimmte Artikel 13

Pronomen 16

Wo? Der bestimmte Artikel verändert sich 18

Wo? Der unbestimmte Artikel verändert sich 24

Das weiß ich jetzt 27

Kapitel 2:
Rund um das Gesicht

Wortschatz 28

Der bestimmte und unbestimmte Artikel 29

Pronomen 32

Wo? Der Artikel verändert sich 34

Der bestimmte Artikel (Veränderung nach
Verben wie liegen, sich befinden, sein ...) 35

Der unbestimmte Artikel (Veränderung nach
Verben wie liegen, sich befinden, sein ...) 37

Der bestimmte Artikel (Veränderung nach
Verben wie sehen, berühren, waschen ...) 38

Der unbestimmte Artikel (Veränderung nach
Verben wie sehen, berühren, waschen ...) 41

Das weiß ich jetzt 45

Kapitel 3:
Rund um die Gesundheit

Wortschatz 46

Der bestimmte und unbestimmte Artikel 47

Pronomen 50

Wo? Der Artikel verändert sich 52

Wohin? Der Artikel verändert sich 55

Das weiß ich jetzt 59

Kapitel 4:
Rund um die Körperpflege

Wortschatz 60

Der bestimmte und unbestimmte Artikel 61

Pronomen 64

Wo? Der Artikel verändert sich 66

Der bestimmte Artikel (Veränderung nach
Verben wie haben, sehen, brauchen ...) 68

Wohin? Der unbestimmte Artikel verändert sich . . 69

Wo? / Wohin? 70

Das weiß ich jetzt 71

Vorwort

„Das Apotheke steht neben die Krankenhaus." „Die Junge legt das Kamm neben die Föhn." Sätze wie diese sagen Kinder mit Migrationshintergrund immer wieder. Stolperfallen der deutschen Sprache gibt es reichlich. Besonders schwierig für Kinder nichtdeutscher Muttersprache sind Nomen mit ihren Artikeln und Präpositionen.

Von Anfang an können und sollen Kinder in diesen Bereichen sprachlich gefördert werden. Anliegen dieses Buches ist es, den Lehrern und Kindern strukturierte Übungen an die Hand zu geben. Die Inhalte sind in vier Themen mit einem kindernahen Wortschatz eingeteilt. Dazu gibt es verschiedene, den Wortschatz wiederholende Aufgaben. In den jeweiligen Themen kommen die gleichen Aufgabentypen wieder vor.

Die Kapitel dieses Buches entsprechen im Aufbau im Wesentlichen den Bänden: *Artikel, Präpositionen und Nomen – Weiterführende Übungen zum Themenschwerpunkt Schule* bzw. *Zu Hause.*

Wichtig ist, dass die Kinder sprechen. Deshalb gibt es eine Auswahl an Spielen, die zu jedem Thema passen und die den Kindern erfahrungsgemäß viel Spaß machen. Spielerisch können grammatische Inhalte geübt und von den Schülerinnen und Schülern auf motivierende Art und Weise trainiert werden.

Marie-Anne Entradas: Deutsch als Zweitsprache – Artikel, Präpositionen und Nomen
© Persen Verlag

Didaktisch-methodische Hinweise

Die Themen dieses Buches sind:

- Rund um den Körper
- Rund um das Gesicht
- Rund um die Gesundheit
- Rund um die Körperpflege

Bei jedem Thema gibt es verschiedene Übungen mit dem gleichen Wortschatz. Die Aufgaben umfassen den bestimmten und unbestimmten Artikel, Pronomen, Präpositionen und veränderte Artikel nach Präpositionen und bestimmten Verben.

Viele Übungsformen wiederholen sich bei den Themen, mit dem Wortschatz des jeweiligen Themas. Außerdem bauen die Aufgaben aufeinander auf und der Wortschatz wird teilweise in den späteren Kapiteln wiederholt. Aufgrund dessen sollten die Themen in der vorgegebenen Reihenfolge bearbeitet werden.

Der Wortschatz zu den vier Themen:

Rund um den Körper

- der Kopf
- der Hals
- die Schulter
- der Arm
- die Hand
- der Finger
- die Brust
- der Bauch
- der Rücken
- das Bein
- das Knie
- der Fuß

Rund um das Gesicht

- das Haar
- die Stirn
- die Nase
- das Auge
- die Augenbraue

- das Ohr
- die Wange
- das Kinn
- der Mund
- die Lippe
- der Zahn
- die Zunge

Rund um die Gesundheit

- der Verband
- das Fieberthermometer
- der Patient
- das Krankenhaus
- das Blut
- die Spritze
- der Arzt
- das Rezept
- die Apotheke
- die Tablette
- das Pflaster
- die Brille

Rund um die Körperpflege

- die Dusche
- das Duschgel
- die Seife
- das Handtuch
- der Föhn
- die Zahnbürste
- der Kamm
- die Haarbürste
- die Tagescreme
- das Deo
- die Zahncreme
- das Waschbecken

Das Lernen der Artikel bedarf vielfältiger und häufiger Wiederholungen. Dabei sollte auch praktisch-handelndes Üben nicht zu kurz kommen. Nach Möglichkeit können die reellen Gegenstände aus der Umgebung der Kinder miteinbezogen werden, die Artikel auf Kärtchen laminiert oder Poster zum Einprägen gestaltet werden. Um den Kindern die Einteilung zu erleichtern, bekommt jeder Artikel eine bestimmte Farbe. In der Didaktik des Faches Deutsch als Fremdsprache werden folgende Farben verwendet:

Blau: der
Rot: die
Grün: das
Gelb: die (Mehrzahl)

Die Zuordnung der Artikel zu den Farben kann den Kindern mithilfe von Sprüchen erleichtert werden:

- **Ein blauer Punkt, das ist nicht schwer, dann heißt es „der".**
- **Ein roter Punkt, das vergessen wir nie, dann heißt es „die".**
- **Ein grüner Punkt – weißt du was? Dann heißt es „das".**

Das Verändern des Artikels nach Präpositionen ist für Kinder mit nichtdeutscher Erstsprache sehr schwierig. Dieser Bereich sollte deshalb möglichst häufig auch in praktischer und mündlicher Form geübt werden. Dazu eignet sich das Stellen, Setzen, Legen der Gegenstände im Klassenzimmer und in der Schule. Außerdem können die Wortschatzbilder vergrößert und entsprechend gelegt werden.

Spiele zum Wortschatz mit Artikel

Vergrößern Sie die Bilder vom Wortschatz und laminieren Sie die Karten. Diese finden Sie jeweils als erste Seite jedes Kapitels. Damit haben Sie für viele Spiele das Spielmaterial. Bei größeren Gruppen können die Spiele auch oft in Teams gespielt werden. Je nach Leistungsstand können die Spiele mit wenigen oder vielen Karten ausgeführt werden.

1. Kommando-Spiel

Dieses Spiel eignet sich gut als Bewegungspause zwischendurch. Die Kinder stehen an ihrem Stuhl oder Tisch. Der Spielleiter ruft: „Kommando: Auf den Stuhl!" und die Schülerinnen und Schüler müssen die Aufgabe so schnell es geht ausführen. Ebenso möglich sind Kommandos wie „An die Wand!", „Vor das Regal!" oder „Hinter die Tafel!" oder Quatsch-Kommandos wie „Unter die Wand!" oder „In den Stuhl!".

2. „Passt!"

Legen Sie die Wortschatzkarten verdeckt auf einen Stapel. Machen Sie einen zweiten Stapel mit Karten, auf denen jeweils ein bestimmter Artikel steht oder der entsprechende Artikelpunkt. Beide Stapel liegen in der Kreismitte. Decken Sie von jedem Stapel die oberste Karte auf. Passen Artikel und Wort zusammen, rufen die Kinder „Passt!". Wer zuerst gerufen hat, darf Artikel und Wort benennen. Ist es richtig, darf das Kind das Kartenpaar behalten. Wer die meisten Paare hat, hat gewonnen.

3. Schnapp-Spiel

Legen Sie alle Wortschatzkarten offen in die Kreismitte. Der Spielleiter sagt eines der Wörter. Die Kinder suchen das Wort und klatschen mit der Hand auf die Karte. Wer zuerst die Karte gefunden hat, darf das Wort mit Artikel nennen. Ist es richtig, behält das Kind die Karte. Wer die meisten Karten hat, hat gewonnen. Sehr beliebt ist dieses Spiel auch mit Fliegenklatschen.

4. Die verflixte 6

Ziehen Sie eine Wortschatzkarte (z. B. Hand). Ein Kind würfelt und löst die entsprechende Aufgabe. Es würfelt und sammelt so lange Punkte, wie es möchte und den Würfel an das nächste Kind weitergibt.

Marie-Anne Entradas: Deutsch als Zweitsprache – Artikel, Präpositionen und Nomen
© Persen Verlag

Würfelt es eine 6, gehen alle Punkte verloren und das nächste Kind ist an der Reihe.

1 = bestimmten Artikel nennen
   („die Hand")

2 = unbestimmten Artikel nennen
   („eine Hand")

3 = Personalpronomen sagen („sie")

4 = mit dem Wort einen korrekten Satz
   bilden („Die Hand ist groß.")

5 = einen Satz mit dem Wort und einer
   Präposition bilden („An der Hand ist
   ein Finger.")

6 = alle Punkte gehen verloren

5. Karten im Kreis

Legen Sie alle Wortschatzkarten aufgedeckt in einen Kreis. Jedes Kind bekommt eine Spielfigur und stellt sie auf eine Karte. Wer an der Reihe ist, würfelt und setzt seine Spielfigur in eine Richtung weiter. Wenn das Kind das Wort mit Artikel sagen kann, bekommt es die Karte.

6. Wort-Ralley (Siehe auch Seite 8/9)

An verschiedenen Orten im Klassenzimmer liegen 6 Aufgaben (1 – bestimmter Artikel, 2 – unbestimmter Artikel, 3 – Pronomen, 4 – Präpositionen, 5 – Satz mit Präposition – Wo?, 6 – Satz mit Präposition – Wohin?).

Zu den Aufgaben 1–3 legen Sie jeweils drei Wortkarten, zu Aufgabe 4 drei Bildkarten zu den Präpositionen. Zu den Aufgaben 5 und 6 legen Sie zwei Wortkarten und eine Präpositionenkarte. Die Kinder gehen zu den Aufgaben und tragen die Antworten auf dem Lösungszettel ein. Für jede der 6 Aufgaben gibt es 3 Punkte. Wer nach einer bestimmten Zeit die meisten Punkte hat, hat gewonnen. Dieses Spiel lässt sich gut in Partnerarbeit spielen. Möglich ist es auch, mithilfe eines Wörterbuches einen unbekannten Wortschatz zu üben.

7. Artikel-Würfeln

(Spielmaterial = Übersicht Wortschatz) Jeder Mitspieler bekommt einen Spielplan vom Wortschatz (auf DIN-A5 verkleinert), einen Würfel und Spielplättchen. Reihum wird gewürfelt. Je nach gewürfelter Zahl wird ein Spielplättchen auf ein Bild mit entsprechendem Artikel gelegt. Wer zuerst seinen Spielplan voll hat, hat gewonnen.

Siehe auch Seite 8 und 9!

5 Wo?

6 Wohin?

Beispiel für einen Lösungszettel

4			
5	Der Finger ist an der Hand.		
6	Der Patient geht in die Apotheke.		

1 der bestimmte Artikel

2 der unbestimmte Artikel

3 Personalpronomen

4 Präpositionen

5 Wo?

6 Wohin?

Marie-Anne Entradas: Deutsch als Zweitsprache – Artikel, Präpositionen und Nomen
© Persen Verlag

Name

1			
2			
3			
4			
5			
6			

Name

1			
2			
3			
4			
5			
6			

Name

1			
2			
3			
4			
5			
6			

Name

1			
2			
3			
4			
5			
6			

Marie-Anne Entradas: Deutsch als Zweitsprache – Artikel, Präpositionen und Nomen
© Persen Verlag

Wortschatz: Rund um den Körper

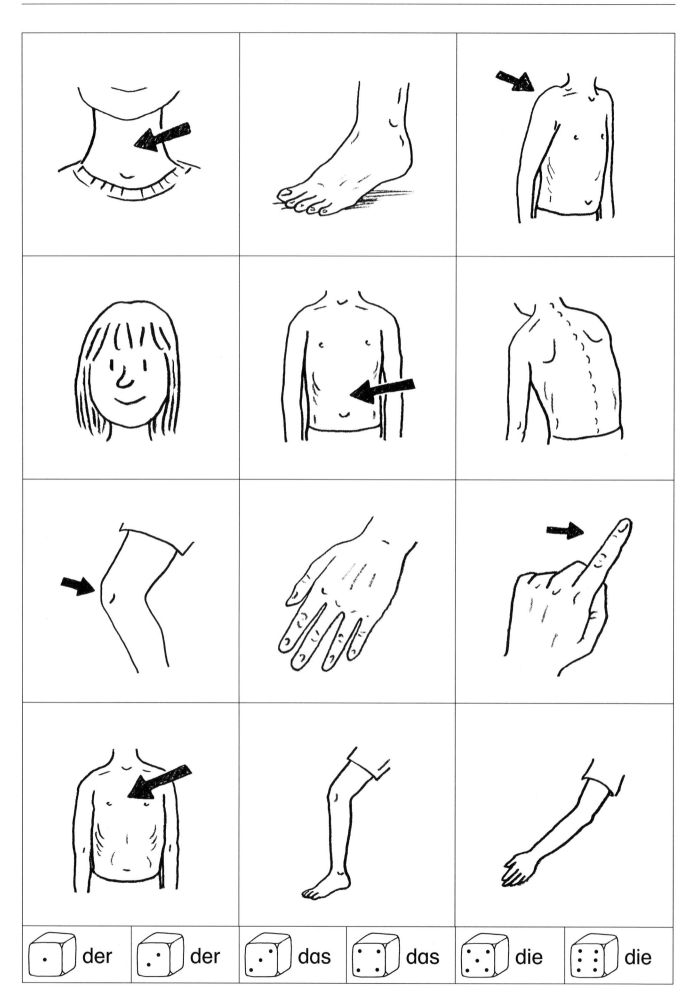

Marie-Anne Entradas: Deutsch als Zweitsprache – Artikel, Präpositionen und Nomen
© Persen Verlag

Suche im Wörterbuch die Wörter. Schreibe die bestimmten Artikel zu den Wörtern.

Male die Punkte in den richtigen Farben an:

blau:(der)   rot:(die)   grün:(das)

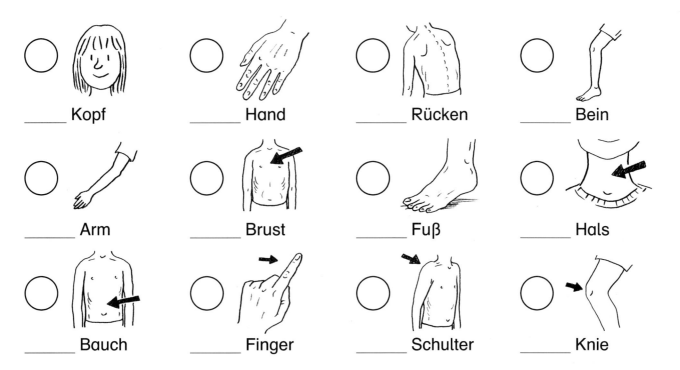

○ _____ Kopf

○ _____ Hand

○ _____ Rücken

○ _____ Bein

○ _____ Arm

○ _____ Brust

○ _____ Fuß

○ _____ Hals

○ _____ Bauch

○ _____ Finger

○ _____ Schulter

○ _____ Knie

Schreibe die Wörter mit dem Artikel richtig in die Tabelle.

der	die	das

Male die Punkte in den richtigen Farben an:

blau:(der)   rot:(die)   grün:(das)

○ der	→ ○ ein
○ die	→ ○ eine
○ das	→ ○ ein

Schreibe das Wort mit dem bestimmten und unbestimmten Artikel.

Brust ○ _____

Finger ○ _____

Knie ○ _____

Arm ○ _____

Bein ○ _____

Schulter ○ _____

Kopf ○ _____

Fuß ○ _____

Hand ○ _____

Bauch ○ _____

Marie-Anne Entradas: Deutsch als Zweitsprache – Artikel, Präpositionen und Nomen
© Persen Verlag

Male die Bilder an.   **Schreibe wie im Beispiel.**

rosa

Das ist eine Brust.

Die Brust ist rosa.

braun

Das ist

Der

weiß

rot

braun

rosa

schwarz

blau

bunt

Male die Punkte in den richtigen Farben an:

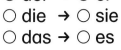

○ der	→	○ er
○ die	→	○ sie
○ das	→	○ es

blau:  der   **rot:** die   **grün:** das

 Schreibe die passenden Pronomen er | sie | es

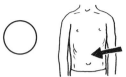

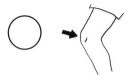

_____

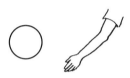

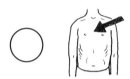

_____

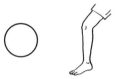

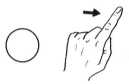

_____

 Welche Sätze gehören zusammen? Verbinde.

Die Schulter ist ausgerenkt. ●	● Sie hat einen blauen Fleck.
Der Arm ist hinter dem Rücken. ●	● Er ist versteckt.
Das Bein hat einen Gips. ●	● Er hat einen Sonnenbrand.
Der Fuß ist klein. ●	● Es ist gebrochen.
Der Rücken ist rot. ●	● Es tut weh.
Das Knie ist blutig. ●	● Er zeigt an den Kopf.
Der Bauch ist dick. ●	● Er ist winzig.
Die Brust ist blau. ●	● Sie schmerzt.
Der Finger ist in der Luft. ●	● Er ist riesig.
Der Kopf tut weh. ●	● Sie klatscht den Takt.
Die Hand ist auf dem Knie. ●	● Er schmerzt.

Marie-Anne Entradas: Deutsch als Zweitsprache – Artikel, Präpositionen und Nomen
© Persen Verlag

Schreibe wie im Beispiel.

Ist der Kopf groß?   Ja, _er ist groß._

Ist der Arm verletzt?   Nein, _____

Hat die Hand fünf Finger?   Ja, _____

Tut der Hals weh?   Nein, _____

Hat das Bein einen Gips?   Ja, _____

Blutet der Finger?   Nein, _____

Ist der Fuß gebrochen?   Ja, _____

Tut die Schulter weh?   Nein, _____

Ist die Brust vorne?   Ja, _____

Schmerzt der Bauch?   Nein, _____

Ist der Rücken hinten?   Ja, _____

Ersetze 7 Wörter! Streiche sie durch und schreibe er sie
oder es **darüber.**

                                        Er
Der Kopf hat einen Sonnenbrand. ~~Der Kopf~~ ist rot. Auf dem Kopf ist eine Hand.

Die Hand kratzt den Kopf. Der Finger ist in der Luft. Der Finger zeigt zum Hals.

Das Knie hat einen blauen Fleck. Das Knie tut weh. Der Fuß steht hinter

dem Bein. Der Fuß ist versteckt. Der Arm schmerzt. Der Arm ist ausgerenkt.

Der Bauch ist unter der Brust. Der Bauch ist vorne.

Der Rücken ist nicht zu sehen. Der Rücken ist hinten.

Wo? – Wo? – Wo ist der Floh?

_____ _____ _____ _____

vor
unter
hinter
in
zwischen
an
auf
neben

_____ _____ _____ _____

 Schreibe wie im Beispiel.   (... dem Arm)

Die Schulter ist neben dem Arm.

Die Hand _____

_____

_____

_____

_____

_____

Marie-Anne Entradas: Deutsch als Zweitsprache – Artikel, Präpositionen und Nomen
© Persen Verlag

Manche Wörter sagen dir, wo etwas ist.
Kreise diese Wörter ein.

nachdem – an – zwischen – auf – unter – weil – bevor – hinter –
vor – als – mit – wenn – damit – neben – obwohl – in

Frage ich „**Wo?**", verändert sich der Artikel.
Bei liegen, ist … wird aus

der Arm   ➡ unter **dem** Arm

die Hand   ➡ in **der** Hand

das Knie   ➡ auf **dem** Knie

○ der	→ ○ dem
○ die	→ ○ der
○ das	→ ○ dem

 Schreibe wie im Beispiel.

der-Wörter	Wo ist der Finger?
	unter dem Arm

die-Wörter	Wo ist der Finger?

das-Wörter	Wo ist der Finger?

Setze ein: auf – unter – an – in – zwischen – neben – vor – hinter – der – die – das – dem – der – dem

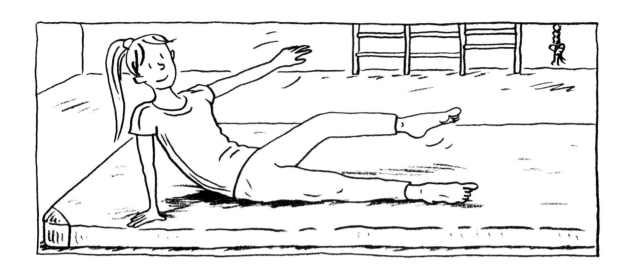

Der Fuß ist _____ _____ Bein.

Die Schulter ist _____ _____ Arm.

Der Kopf ist _____ _____ Hals.

Der Bauch ist _____ _____ Brust.

Das Bein ist _____ _____ Fuß.

Der Finger ist _____ _____ Hand.

Der Rücken ist _____ _____ Brust.

Der Arm ist _____ _____ Hand.

Der Bauch ist _____ _____ Rücken.

Der Hals ist _____ _____ Kopf und _____ Brust.

_____ _____ Bein ist _____ Knie.

_____ Brust liegt _____ Rücken.

_____ Arm ist _____ Hand.

Marie-Anne Entradas: Deutsch als Zweitsprache – Artikel, Präpositionen und Nomen
© Persen Verlag

Schreibe Sätze.
Verwende *liegt* oder *ist*.

○ der → ○ dem	
○ die → ○ der	
○ das → ○ dem	

Finger

Der Finger ist unter dem Arm.

Hals

_____

Fuß

_____

Knie

_____

Brust

_____

Schulter

_____

Arm

_____

Bauch

_____

Hand

_____

Kopf

_____

Bein

_____

Rücken

_____

Finger

_____

**Unterstreiche in jedem Satz das Wort, das dir sagt,
wo etwas ist.**

 **Fülle die Lücken aus.
Setze ein: der – die – das / dem – der – dem**

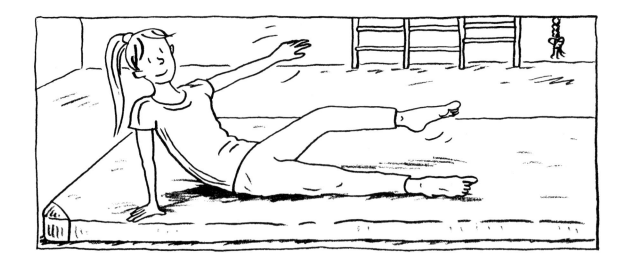

_____ Bein ist an _____ Fuß. _____ Brust ist unter _____

Hals. Auf _____ Hals ist _____ Kopf. _____ Bauch ist vor

_____ Rücken. _____ Schulter ist neben _____ Arm. _____

Hals ist zwischen _____ Kopf und _____ Brust. _____ Finger ist

an _____ Hand. _____ Rücken ist hinter _____ Brust.

Neben _____ Arm ist _____ Hand. _____ Bauch ist unter

_____ Brust. Hinter _____ Brust ist _____ Rücken. _____

Schulter ist neben _____ Hals. _____ Hals ist unter _____ Kopf.

An _____ Bein ist _____ Knie.

Marie-Anne Entradas: Deutsch als Zweitsprache – Artikel, Präpositionen und Nomen
© Persen Verlag

Wo sind die Körperteile? Schreibe wie im Beispiel.

Finger

Wo ist der Finger?

Er ist unter dem Arm.

Knie

_____

_____

Kopf

_____

_____

Brust

_____

_____

Hand

_____

_____

Fuß

_____

_____

Arm

_____

_____

Bauch

_____

_____

Rücken

_____

_____

Schreibe 8 Wörter auf, die dir sagen, <u>wo</u> etwas ist.

_____   _____   _____   _____

_____   _____   _____   _____

Frage ich „**Wo?**", verändert sich der Artikel.
Bei liegen, ist … wird aus

ein Arm   ➡ unter **einem** Arm

eine Hand   ➡ in **einer** Hand

ein Knie   ➡ auf **einem** Knie

○ ein	→ ○ einem
○ eine	→ ○ einer
○ ein	→ ○ einem

Schreibe wie im Beispiel.

der-Wörter	Wo ist der Finger?
	unter einem Arm

die-Wörter	Wo ist der Finger?

das-Wörter	Wo ist der Finger?

Marie-Anne Entradas: Deutsch als Zweitsprache – Artikel, Präpositionen und Nomen
© Persen Verlag

Setze ein: ein – eine – einem – einer –
auf – unter – an – in –
zwischen – neben – vor – hinter

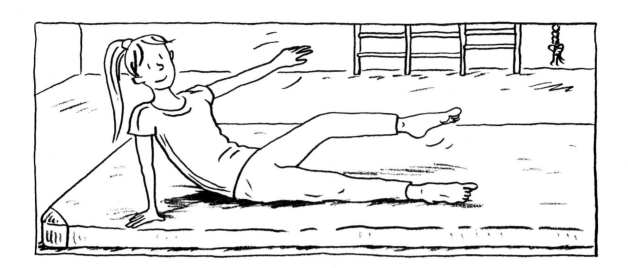

Der Fuß ist _____ _____ Bein.

Die Schulter ist _____ _____ Arm.

Der Kopf ist _____ _____ Hals.

Der Bauch ist _____ _____ Brust.

Das Bein ist _____ _____ Fuß.

Der Finger ist _____ _____ Hand.

Der Rücken ist _____ _____ Brust.

Der Arm ist _____ _____ Hand.

Der Bauch ist _____ _____ Rücken.

Der Hals ist _____ _____ Kopf und _____ Brust.

_____ _____ Bein ist _____ Knie.

_____ _____ Brust liegt _____ Rücken.

_____ _____ Arm ist _____ Hand.

Schreibe Sätze.
Verwende *liegt*, *befindet sich* oder *ist*.

○ ein	→ ○ einem
○ eine	→ ○ einer
○ ein	→ ○ einem

Finger   Der Finger ist unter einem Arm.

Hals

Fuß

Knie

Brust

Schulter

Arm

Bauch

Hand

Kopf

Bein

Rücken

Finger

Marie-Anne Entradas: Deutsch als Zweitsprache – Artikel, Präpositionen und Nomen
© Persen Verlag

Das weiß ich jetzt

Schreibe die bestimmten Artikel: **der – die – das.**

_____   _____   _____

_____   _____   _____

Schreibe die unbestimmten Artikel: **ein – eine.**

_____   _____   _____

Schreibe die passenden Pronomen: **er – sie – es.**

_____   _____   _____

Schreibe 8 Wörter, **wo** etwas ist.

_____   _____   _____   _____

_____   _____   _____   _____

Wo sind die Körperteile? Schreibe Sätze mit **der – die – das / dem – der.**

Knie   _____

Hand   _____

Kopf   _____

Fülle die Lücken aus: **ein – eine / einem – einer.**

_____ Hand ist hinter _____ Bein. An _____ Schulter

befindet sich _____ Finger. _____ Knie ist vor

_____ Brust. Zwischen _____ Hand und _____ Schulter ist

_____ Arm. Auf _____ Kopf liegt _____ Hand.

Wortschatz: Rund um das Gesicht

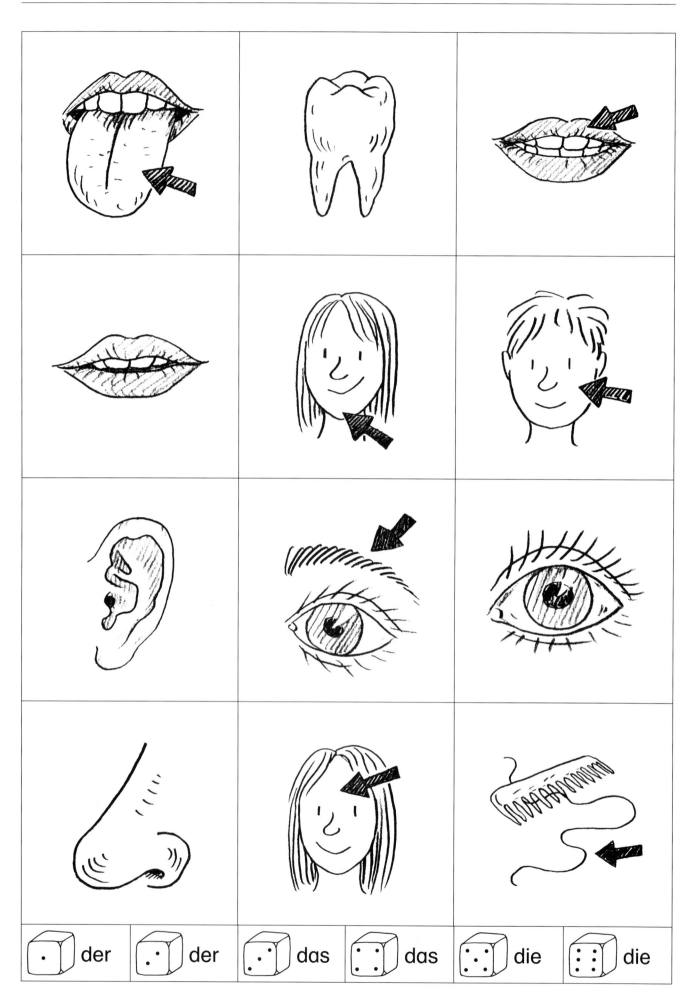

Marie-Anne Entradas: Deutsch als Zweitsprache – Artikel, Präpositionen und Nomen
© Persen Verlag

Suche im Wörterbuch die Wörter. Schreibe die bestimmten Artikel zu den Wörtern.

Male die Punkte in den richtigen Farben an:

blau:(der)   rot:(die)   grün:(das)

○ _____ Nase   ○ _____ Mund   ○ _____ Auge   ○ _____ Zunge

○ _____ Haar   ○ _____ Wange   ○ _____ Zahn   ○ _____ Ohr

○ _____ Kinn   ○ _____ Lippe   ○ _____ Stirn   ○ _____ Augenbraue

Schreibe die Wörter mit dem Artikel richtig in die Tabelle.

---

der	die	das

Male die Punkte in den richtigen Farben an:

blau: (der)   rot: (die)   grün: (das)

○ der	→ ○ ein
○ die	→ ○ eine
○ das	→ ○ ein

Schreibe das Wort mit dem bestimmten und unbestimmten Artikel.

Ohr ○ _____

Auge ○ _____

Nase ○ _____

Kinn ○ _____

Mund ○ _____

Haar ○ _____

Lippe ○ _____

Zahn ○ _____

Stirn ○ _____

Wange ○ _____

Marie-Anne Entradas: Deutsch als Zweitsprache – Artikel, Präpositionen und Nomen
© Persen Verlag

Male die Bilder an.   **Schreibe wie im Beispiel.**

blau   Das ist ein Auge.

            Das Auge ist blau.

braun   Das ist

            Das

rosa

schwarz

rot

rosa

braun

blau

weiß

bunt

Male die Punkte in den richtigen Farben an:

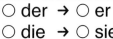

○ der → ○ er
○ die → ○ sie
○ das → ○ es

blau: der **rot:** die **grün:** das

 Schreibe die passenden Pronomen: | er | sie | es |

○  ○ 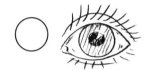 ○  ○

_____ _____ _____ _____

○  ○  ○  ○

_____ _____ _____ _____

○  ○  ○  ○

_____ _____ _____ _____

 Welche Sätze gehören zusammen? Verbinde.

Das Haar ist blond. ●	● Sie ist rosa.
Die Zunge ist an der Nase. ●	● Sie tut weh.
Der Zahn hat Karies. ●	● Es kann sehen.
Die Stirn ist nicht zu sehen. ●	● Es glänzt wie Gold.
Die Nase ist rot. ●	● Sie ist lang.
Das Ohr hat einen Ohrring. ●	● Er kann sprechen.
Der Mund ist offen. ●	● Es kann hören.
Das Auge ist offen. ●	● Sie ist unter einer Mütze.
Die Wange ist blau. ●	● Es blutet.
Die Lippe ist geschminkt. ●	● Er schmerzt.
Das Kinn ist verletzt. ●	● Sie kann riechen.

Marie-Anne Entradas: Deutsch als Zweitsprache – Artikel, Präpositionen und Nomen
© Persen Verlag

Schreibe wie im Beispiel.

Hat die Stirn eine Falte?   Ja, *sie hat eine Falte.*

Ist die Nase groß?   Nein, _____

Hat das Kinn eine Narbe?   Ja, _____

Ist die Lippe dünn?   Nein, _____

Ist die Wange geschminkt?   Ja, _____

Tut der Zahn weh?   Nein, _____

Ist die Zunge herausgestreckt?   Ja, _____

Ist der Mund offen?   Nein, _____

Ist die Augenbraue blond?   Ja, _____

Tränt das Auge?   Nein, _____

Hat das Ohr einen Ohrring?   Ja, _____

Ersetze 7 Wörter! Streiche sie durch und schreibe $\boxed{er}$ $\boxed{sie}$
oder $\boxed{es}$ **darüber.**

Hinter der Hand ist ein Auge. ~~Das Auge~~ Es blinzelt. Unter der Mütze ist ein Ohr.

Das Ohr ist nicht zu sehen. In dem Mund ist ein Zahn. Der Zahn ist locker.

Hinter der Hand ist eine Augenbraue. Die Augenbraue ist braun. An der Brust ist

ein Haar. Das Haar ist schwarz. Hinter dem Ohr ist ein Haar. Das Haar ist versteckt.

An dem Kopf ist eine Stirn. Die Stirn ist heiß. Über dem Kinn ist ein Mund.

Der Mund ist geschlossen.

Wo? – Wo? – Wo ist der Floh?

_____ _____ _____ _____

_____ _____ _____ _____

vor
unter
hinter
in
zwischen
an
auf
neben

 Wo sind die Gesichtsteile?

○ der → ○ dem
○ die → ○ der
○ das → ○ dem

Haar Das Haar ist neben der Wange.

Auge _____

Zunge _____

Zahn _____

Ohr _____

Mund _____

Wange _____

Kinn _____

Nase _____

Marie-Anne Entradas: Deutsch als Zweitsprache – Artikel, Präpositionen und Nomen
© Persen Verlag

Setze ein: auf – unter – an – in – zwischen – neben – vor – hinter – der – die – das – dem – der – dem

○ der → ○ dem
○ die → ○ der
○ das → ○ dem

Das Ohr ist _____ _____ Wange.

Der Zahn befindet sich _____ _____ Mund.

Das Haar ist _____ _____ Kopf.

Das Kinn liegt _____ _____ Mund.

Das Auge ist _____ _____ Augenbraue.

Die Zunge befindet sich _____ _____ Mund.

Die Wange ist _____ _____ Auge.

Die Lippe ist _____ _____ Mund.

Die Stirn ist _____ _____ Haar.

Die Nase liegt _____ _____ Stirn und _____ Mund.

_____ _____ Stirn ist _____ Haar.

_____ Nase ist _____ Mund.

_____ _____ Haar ist _____ Stirn.

Wo sind die Gesichtsteile? Schreibe wie im Beispiel.

Ohr

Wo ist das Ohr?

Es ist neben der Wange.

Haar

Wo ist das Haar?

Augenbraue

Zunge

Auge

Zahn

Nase

Wange

Mund

Stirn

Marie-Anne Entradas: Deutsch als Zweitsprache – Artikel, Präpositionen und Nomen
© Persen Verlag

Schreibe Sätze.
Verwende *liegt, befindet sich* oder *ist*.

○ ein	→	○ einem
○ eine	→	○ einer
○ ein	→	○ einem

Haar

Das Haar ist auf einer Nase.

Nase

Zunge

Wange

Zahn

Auge

Ohr

Mund

Stirn

Augenbraue

Es gibt Verben, die den Artikel verändern. Dazu gehören zum Beispiel:
sehen, berühren, waschen, öffnen, putzen.
Frage ich „Wen oder was sehe ich?", wird

aus   **der** Mund   ➡ Ich sehe **den** Mund.

Aber es bleibt: **die** Wange   ➡ Ich sehe **die** Wange.

               das Auge   ➡ Ich sehe **das** Auge.

○ der	➡	○ den
○ die	➡	○ die
○ das	➡	○ das

 Schreibe wie im Beispiel.

der-Wörter	Wen oder was sehe ich?
	Ich sehe *den Mund.*
	Ich sehe

die-Wörter	Wen oder was berühre ich?
	Ich berühre
	Ich berühre
	Ich berühre
	Ich berühre
	Ich berühre

das-Wörter	Wen oder was wasche ich?
	Ich wasche
	Ich wasche

Marie-Anne Entradas: Deutsch als Zweitsprache – Artikel, Präpositionen und Nomen
© Persen Verlag

Wen oder was siehst du?

 Ich sehe das Ohr.

Antworte wie im Beispiel.

| ○ der → ○ den |
| ○ die → ○ die |
| ○ das → ○ das |

 Siehst du die Lippe?

Nein, ich sehe das Kinn.

 Berührst du die Nase?

Nein,

 Putzt du das Ohr?

_____

 Öffnest du das Auge?

_____

 Siehst du das Kinn?

_____

 Wäschst du die Stirn?

_____

 Siehst du die Augenbraue?

_____

 Wäschst du das Ohr?

_____

 Siehst du den Zahn?

_____

 Öffnest du den Mund?

_____

 Siehst du die Wange?

_____

Marie-Anne Entradas: Deutsch als Zweitsprache – Artikel, Präpositionen und Nomen
© Persen Verlag

Es gibt Verben, die den Artikel verändern. Dazu gehören zum Beispiel:
sehen, berühren, waschen, öffnen, putzen.
Frage ich „Wen oder was sehe ich?", wird

aus	**ein** Mund	➡	Ich sehe **einen** Mund.
Aber es bleibt:	**eine** Wange	➡	Ich sehe **eine** Wange.
	ein Auge	➡	Ich sehe **ein** Auge.

○ ein → ○ einen
○ eine → ○ eine
○ ein → ○ ein

 Schreibe wie im Beispiel.

der-Wörter	Wen oder was sehe ich?
	Ich sehe *einen Mund.*
	Ich sehe _____

die-Wörter	Wen oder was berühre ich?
	Ich berühre _____
	Ich berühre _____
	Ich berühre _____
	Ich berühre _____
	Ich berühre _____

das-Wörter	Wen oder was wasche ich?
	Ich wasche _____
	Ich wasche _____

Wen oder was siehst du?

   Ich sehe eine Stirn. _____

   _____

   _____

_____

   _____

   _____

_____

_____

_____

   _____

_____

Marie-Anne Entradas: Deutsch als Zweitsprache – Artikel, Präpositionen und Nomen
© Persen Verlag

Fülle die Lücken aus.
Verwende *sehen* oder *berühren*.
Hinweis: Der Artikel verändert sich!

○ der → ○ den
○ die → ○ die
○ das → ○ das

Ich sehe den Zahn _____ in dem Mund.

Ich _____ hinter dem Haar.

_____ neben der Nase.

_____ mit dem Finger.

_____ unter dem Mund.

_____ mit dem Finger.

_____ unter der Stirn.

_____ mit dem Finger.

_____ an der Lippe.

_____ mit der Hand.

_____ unter der Nase.

_____ mit der Hand.

Fülle die Lücken aus.
Verwende *sehen* oder *berühren*.
Hinweis: Der Artikel verändert sich!

○ ein	→ ○ einen
○ eine	→ ○ eine
○ ein	→ ○ ein

Ich sehe ein Auge _____ unter der Augenbraue.

Ich _____ mit dem Finger.

_____ unter dem Auge.

_____ mit der Hand.

_____ mit dem Finger.

_____ unter der Stirn.

_____ mit dem Arm.

_____ mit der Hand.

_____ in dem Mund.

_____ mit der Nase.

_____ in der Hand.

_____ mit dem Finger.

_____ mit der Hand.

_____ an dem Mund.

_____ mit dem Finger.

Marie-Anne Entradas: Deutsch als Zweitsprache – Artikel, Präpositionen und Nomen
© Persen Verlag

Das weiß ich jetzt

Schreibe die bestimmten Artikel: **der – die – das.**

_____   _____   _____

_____   _____   _____

Schreibe die unbestimmten Artikel: **ein – eine.**

_____   _____   _____

Schreibe die passenden Pronomen: **er – sie – es.**

_____   _____   _____

Schreibe 8 Wörter, **wo** etwas ist.

_____   _____   _____   _____

_____   _____   _____   _____

Wo sind die Gesichtsteile? Verwende **liegt, befindet sich** oder **ist.**

Zahn   _____

Haar   _____

Zunge   _____

Fülle die Lücken aus: **ein – eine / einem – einer.**

_____ Zahn ist in _____ Mund. Vor _____ Auge ist

_____ Haar. An _____ Lippe ist _____ Zunge.

Zwischen _____ Ohr und _____ Wange ist _____ Haar.

Unter _____ Augenbraue ist _____ Auge.

Wortschatz: Rund um die Gesundheit

Marie-Anne Entradas: Deutsch als Zweitsprache – Artikel, Präpositionen und Nomen
© Persen Verlag

Suche im Wörterbuch die Wörter. Schreibe die bestimmten Artikel zu den Wörtern.

Male die Punkte in den richtigen Farben an:

blau: der   **rot:** die   **grün:** das

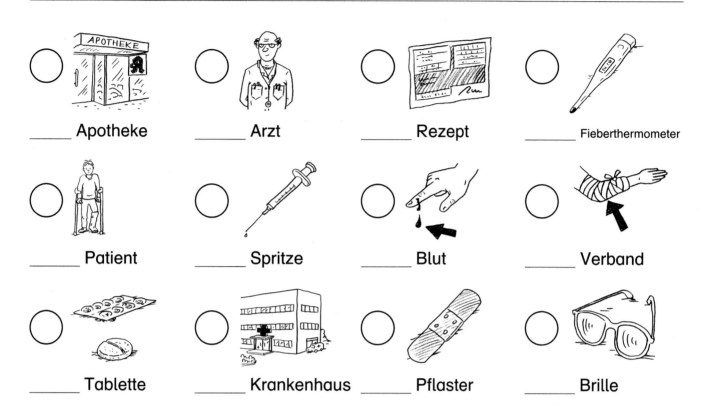

○ _____ Apotheke   ○ _____ Arzt   ○ _____ Rezept   ○ _____ Fieberthermometer

○ _____ Patient   ○ _____ Spritze   ○ _____ Blut   ○ _____ Verband

○ _____ Tablette   ○ _____ Krankenhaus   ○ _____ Pflaster   ○ _____ Brille

Schreibe die Wörter mit dem Artikel richtig in die Tabelle.

der	die	das

Male die Punkte in den richtigen Farben an:

blau: (der)   rot: (die)   grün: (das)

○ der	→	○ ein
○ die	→	○ eine
○ das	→	○ ein

Schreibe das Wort mit dem bestimmten und unbestimmten Artikel.

Tablette ○ _____

Verband ○ _____

Rezept ○ _____

Brille ○ _____

Pflaster ○ _____

Apotheke ○ _____

Arzt ○ _____

Spritze ○ _____

Krankenhaus ○ _____

Patient ○ _____

Marie-Anne Entradas: Deutsch als Zweitsprache – Artikel, Präpositionen und Nomen
© Persen Verlag

weiß   Das ist ein Verband.

Der Verband ist weiß.

grau   Das ist

Das

weiß

rosa

grün

braun

gelb

bunt

bunt

bunt

Male die Punkte in den richtigen Farben an:

blau: (der)   rot: (die)   grün: (das)

 Schreibe die passenden Pronomen: er sie es

○    ○    ○    ○

_____   _____   _____   _____

○ 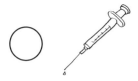   ○ 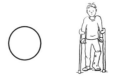   ○    ○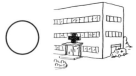

_____   _____   _____   _____

○    ○ 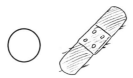   ○    ○

_____   _____   _____   _____

Welche Sätze gehören zusammen? Verbinde.

Das Fieberthermometer ist grau.	Er hat Bauchschmerzen.
Die Spritze ist rot.	Es wurde vergessen.
Der Verband ist weiß.	Es zeigt die Temperatur.
Der Arzt untersucht.	Sie ist schön.
Der Patient ist krank.	Sie enthält Blut.
Das Rezept liegt auf dem Tisch.	Er ist am Kopf.
Die Apotheke ist neu.	Sie hilft gegen Schmerzen.
Das Blut tropft.	Er ist nett.
Die Tablette ist grün.	Es ist am Knie.
Das Pflaster ist braun.	Sie hilft beim Sehen.
Die Brille ist rot.	Es bedeckt eine Wunde.

Schreibe wie im Beispiel.

Ist der Patient krank?   Ja, *er ist krank.* _____

Ist die Brille grün?   Nein, _____

Ist der Verband an der Hand?   Ja, _____

Hilft die Tablette?   Nein, _____

Ist der Arzt nett?   Ja, _____

Ist die Spritze leer?   Nein, _____

Ist die Apotheke geöffnet?   Ja, _____

Ist das Pflaster rosa?   Nein, _____

Liegt das Rezept auf dem Tisch?   Ja, _____

Ist das Krankenhaus alt?   Nein, _____

Ist das Blut an dem Knie?   Ja, _____

Ersetze 7 Wörter! Streiche sie durch und schreibe er   sie
oder es **darüber.**

In dem Krankenhaus ist ein Arzt. ~~Der Arzt~~ [Er] untersucht eine Frau. Neben dem

Krankenhaus ist eine Apotheke. Er ist neu. Auf dem Boden liegt eine Brille. Es

ist kaputt. Unter dem Arm ist ein Fieberthermometer. Sie misst die Temperatur.

Auf dem Knie ist ein Pflaster. Sie bedeckt eine Wunde. Vor der Apotheke ist

ein Patient. Es hat ein Rezept. Unter dem Tisch liegt eine Tablette.

Er ist heruntergefallen. An dem Kopf ist ein Verband. Sie ist weiß.

Wo? – Wo? – Wo ist der Floh?

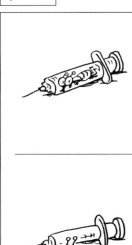  

| vor |
| unter |
| hinter |
| in |
| zwischen |
| an |
| auf |
| neben |

_____ _____ _____ _____

_____ _____ _____ _____

 Wo liegt das Fieberthermometer? Schreibe Sätze mit der – die – das / dem – der – dem.

 Das Fieberthermometer liegt _____

 _____

 _____

 _____

 Wo liegt die Brille? Schreibe Sätze mit ein – eine – ein / einem – einer – einem.

 Eine Brille liegt _____

 _____

 _____

 _____

Marie-Anne Entradas: Deutsch als Zweitsprache – Artikel, Präpositionen und Nomen
© Persen Verlag

Setze ein: der – die – das – dem – der – dem – auf – unter – an – in – zwischen – neben – vor – hinter

○ der	→	○ dem
○ die	→	○ der
○ das	→	○ dem

_____ Fieberthermometer ist _____ _____ Mund.

_____ Brille ist _____ _____ Nase.

_____ Apotheke steht _____ _____ Krankenhaus.

_____ Verband ist _____ _____ Arm.

_____ Patient sitzt _____ _____ Apotheke.

_____ Blut ist _____ _____ Plaster.

_____ Arzt steht _____ _____ Krankenhaus und

_____ Apotheke.

Streiche die 8 Fehler durch und schreibe das richtige Wort darüber.

                        neben
Das Krankenhaus steht ~~unter~~ der Apotheke.

Die Rezept ist in der Hand. Das Pflaster ist zwischen dem Knie.

Der Patient ist vor die Apotheke. Die Tablette liegt hinter der Hand.

Der Blut ist an der Knie. Die Spritze ist unter das Hand.

	Der Floh **steht** hinter dem Arzt.		Der Floh **springt** hinter den Arzt.
	Der Floh **sitzt** auf der Tablette.		Der Floh **setzt sich** auf die Tablette.
	Der Floh **liegt** unter dem Rezept.		Der Floh **kriecht** unter das Rezept.

Bei diesen Sätzen ist der Floh schon an Ort und Stelle. Er ist bereits da, er bewegt sich nicht mehr. Diese Verben nennt man **Positionsverben.**

Bei diesen Sätzen ist der Floh noch nicht an Ort und Stelle. Er ist noch nicht da, er bewegt sich erst dorthin. Diese Verben nennt man **Richtungsverben.**

 ## Unterstreiche Positionsverben orange und Richtungsverben grau.

gehen – legen – krabbeln – stecken – stehen – rollen – sein – werfen –

klettern – rennen – sitzen – springen – hängen – liegen – stellen

 ## Schreibe die Verben in die Tabelle.

Positionsverben	Richtungsverben

Marie-Anne Entradas: Deutsch als Zweitsprache – Artikel, Präpositionen und Nomen
© Persen Verlag

Wohin? – Wohin? – Wohin springt der Floh?

<table>
<tr><td>○ der</td><td>→</td><td>○ den</td></tr>
<tr><td>○ die</td><td>→</td><td>○ die</td></tr>
<tr><td>○ das</td><td>→</td><td>○ das</td></tr>
</table>

Frage ich „**Wohin?**", verändert sich der Artikel.
Bei den Richtungsverben stellen, legen, springen, klettern,
setzen, gehen … wird

aus	**der** Arzt	➔ Der Floh springt auf **den** Arzt.
Es bleibt:	**die** Apotheke	➔ Der Floh geht in **die** Apotheke.
	das Pflaster	➔ Der Floh kriecht unter **das** Pflaster.

 Schreibe wie im Beispiel.

der-Wörter	Wohin springt der Floh?
	hinter den Arzt

die-Wörter	Wohin springt der Floh?

das-Wörter	Wohin springt der Floh?

Wohin fliegt das Rezept?

 Das Rezept fliegt hinter das Krankenhaus.

Marie-Anne Entradas: Deutsch als Zweitsprache – Artikel, Präpositionen und Nomen
© Persen Verlag

Wohin? Schreibe wie im Beispiel.

 Der Patient geht in die Apotheke.

 _____

 _____

 _____

 _____

 _____

 _____

 _____

 _____

 _____

Schreibe wie im Beispiel.

Spritze

Wohin legt der Patient die Spritze _____?

Er legt die Spritze unter das Pflaster.

Tablette

Wohin legt der Arzt _____?

_____

Brille

Wohin legt der Patient _____?

_____

Rezept

Wohin legt der Arzt _____?

_____

Verband

Wohin legt der Patient _____?

_____

Pflaster

Wohin legt der Arzt _____?

_____

Spritze

Wohin legt der Patient _____?

_____

Brille

Wohin legt der Arzt _____?

_____

Tablette

Wohin legt der Patient _____?

_____

Pflaster

Wohin legt der Arzt _____?

_____

Fieberthermometer

Wohin legt der Patient _____?

_____

Marie-Anne Entradas: Deutsch als Zweitsprache – Artikel, Präpositionen und Nomen
© Persen Verlag

Das weiß ich jetzt

Schreibe die bestimmten Artikel: **der – die – das.**

_____   _____   _____

_____   _____   _____

Schreibe die unbestimmten Artikel: **ein – eine.**

_____   _____   _____

Schreibe die passenden Pronomen: **er – sie – es.**

_____   _____   _____

Wohin?

_____

_____

_____

Fülle die Lücken aus: **der – der – der – das – den – den – die – die – die – das – das – das – er – sie.**

Der Patient geht in _____ Krankenhaus. _____ setzt sich vor

_____ Arzt. _____ Arzt nimmt _____ Spritze.

_____ Blut fließt in _____ Spritze. _____ Arzt legt

_____ Spritze neben _____ Pflaster. _____ rollt aber

neben _____ Verband. _____ Arzt gibt _____ Rezept.

Wortschatz: Rund um die Körperpflege

Marie-Anne Entradas: Deutsch als Zweitsprache – Artikel, Präpositionen und Nomen
© Persen Verlag

Suche im Wörterbuch die Wörter. Schreibe die bestimmten Artikel zu den Wörtern.

Male die Punkte in den richtigen Farben an:

blau:(der)   rot:(die)   grün:(das)

○ _____ Deo	○ _____ Föhn	○ _____ Seife	○ _____ Tagescreme
○ _____ Handtuch	○ _____ Dusche	○ _____ Haarbürste	○ _____ Waschbecken
○ _____ Zahnbürste	○ _____ Duschgel	○ _____ Kamm	○ _____ Zahncreme

Schreibe die Wörter mit dem Artikel richtig in die Tabelle.

der	die	das

Male die Punkte in den richtigen Farben an:

blau: (der)   rot: (die)   grün: (das)

○ der	→ ○ ein
○ die	→ ○ eine
○ das	→ ○ ein

Schreibe das Wort mit dem bestimmten und unbestimmten Artikel.

Föhn ○ _____

Seife ○ _____

Dusche ○ _____

Kamm ○ _____

Deo ○ _____

Waschbecken ○ _____

Handtuch ○ _____

Tagescreme ○ _____

Duschgel ○ _____

Haarbürste ○ _____

Marie-Anne Entradas: Deutsch als Zweitsprache – Artikel, Präpositionen und Nomen
© Persen Verlag

Das ist eine Seife.

blau   Die Seife ist blau.

weiß   Das ist

            Das

rosa

bunt

grün

rot

grau

gelb

lila

braun

Male die Punkte in den richtigen Farben an:

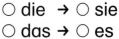
- ◯ der → ◯ er
- ◯ die → ◯ sie
- ◯ das → ◯ es

blau:(der)   rot:(die)   grün:(das)

 Schreibe die passenden Pronomen: | er | sie | es |

◯    ◯   ◯    ◯

◯    ◯    ◯ 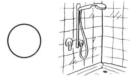   ◯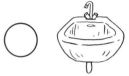

◯    ◯    ◯    ◯

 Welche Sätze gehören zusammen? Verbinde.

Die Tagescreme ist für das Gesicht. ●	● Sie wurde hineingestellt.
Das Waschbecken ist groß. ●	● Es kratzt nicht.
Der Föhn ist heiß. ●	● Es riecht gut.
Das Handtuch ist weich. ●	● Es ist runtergefallen.
Die Zahncreme ist rot und weiß. ●	● Sie versorgt die Haut.
Das Deo riecht nach Vanille. ●	● Er trocknet die Haare.
Das Duschgel liegt auf dem Boden. ●	● Sie hat Streifen.
Die Haarbürste ist rund. ●	● Es ist nicht klein.
Die Dusche tropft. ●	● Sie macht Locken.
Die Seife liegt im Waschbecken. ●	● Sie ist nass.
Die Zahnbürste ist in einem Becher. ●	● Sie ist hineingefallen.

Marie-Anne Entradas: Deutsch als Zweitsprache – Artikel, Präpositionen und Nomen
© Persen Verlag

Schreibe wie im Beispiel.

Riecht das Duschgel gut?   Ja, *es riecht gut.*

Ist die Haarbürste rund?   Nein, _____

Liegt das Handtuch auf dem Boden?   Ja, _____

Ist die Zahnbürste weich?   Nein, _____

Gehört der Föhn Lina?   Ja, _____

Tropft die Dusche?   Nein, _____

Ist das Waschbecken weiß?   Ja, _____

Ist die Seife rot?   Nein, _____

Steht das Deo in der Dusche?   Ja, _____

Ist die Zahncreme scharf?   Nein, _____

Gehört der Kamm dir?   Ja, _____

Ersetze 6 Wörter! Streiche sie durch und schreibe er   sie
oder es **darüber.**

Sie
Anna geht jeden Morgen unter die Dusche. ~~Die Dusche~~ ist klein, aber modern.

Danach trocknet sich Anna mit dem Handtuch ab. Ganz weich ist das Handtuch.

Ihre Haare trocknet Anna mit dem Föhn. Der Föhn ist schön warm. Zum Schluss

nimmt Anna die Zahnbürste und putzt ihre Zähne. Die Zahnbürste ist neu.

Richtig weiche Borsten hat die Zahnbürste. Aber die Zahncreme brennt im Mund.

Leider ist die Zahncreme sehr scharf. Die Zahncreme schmeckt unangenehm.

Wo sind die Dinge? Schreibe Sätze mit der – die – das / dem – der – dem.

Duschgel   Das Duschgel steht _____

Kamm   _____

Waschbecken   _____

Haarbürste   _____

Tagescreme   _____

Seife   _____

Zahnbürste   _____

 Wo sind die Dinge? Schreibe Sätze mit ein – eine – ein / einem – einer – einem.

Deo   Ein Deo steht _____

Handtuch   _____

Duschgel   _____

Zahncreme   _____

Seife   _____

Föhn   _____

Marie-Anne Entradas: Deutsch als Zweitsprache – Artikel, Präpositionen und Nomen
© Persen Verlag

Setze ein: auf – unter – an – in – zwischen – neben – vor – hinter – der – die – das – dem – der – dem

_____ Dusche ist _____ _____ Waschbecken.

_____ Seife liegt _____ _____ Waschbecken.

_____ Föhn liegt _____ _____ Tagescreme und

_____ Haarbürste. _____ Handtuch ist _____

_____ Waschbecken. _____ Zahnbürste liegt _____

_____ Zahncreme. _____ Duschgel steht _____

_____ Dusche. _____ Tagescreme steht _____

_____ Haarbürste. _____ Deo steht _____ _____

Zahnbürste. _____ Haarbürste liegt _____ _____

Tagescreme. _____ Zahncreme steht _____ _____

Zahnbürste. _____ Haarbürste und _____ Tagescreme

sind _____ _____ Kamm. _____ Waschbecken ist

_____ der Dusche. _____ _____ Deo und _____

Zahncreme liegt _____ Zahnbürste.

Antworte wie im Beispiel.

Seife

Brauchst du *das Duschgel* _____ ?

Nein, ich brauche die Seife.

Haarbürste

Hast du _____ ?

Nein, _____

Föhn

Holst du _____ ?

Nein, _____

Deo

Siehst du _____ ?

_____

Duschgel

Suchst du _____ ?

_____

Kamm

Brauchst du _____ ?

_____

Tagescreme

Nimmst du _____ ?

_____

Handtuch

Brauchst du _____ ?

_____

Zahnbürste

Siehst du _____ ?

_____

Zahncreme

Holst du _____ ?

_____

Dusche

Siehst du _____ ?

_____

Marie-Anne Entradas: Deutsch als Zweitsprache – Artikel, Präpositionen und Nomen
© Persen Verlag

Wohin? Schreibe wie im Beispiel.

○ ein	→ ○ einen
○ eine	→ ○ eine
○ ein	→ ○ ein

 Das Mädchen legt die Zahnbürste neben eine Zahncreme.

 _____

 _____

 _____

 _____

 _____

 _____

 _____

 _____

Wo oder wohin? Schreibe wie im Beispiel.

  Die Seife liegt auf einem Handtuch.

 Der Junge legt den Föhn neben eine Haarbürste.

 Das Mädchen

Das weiß ich jetzt

Schreibe die bestimmten Artikel: **der – die – das.**

_____   _____   _____

_____   _____   _____

Schreibe die unbestimmten Artikel: **ein – eine.**

_____   _____   _____

Schreibe die passenden Pronomen: **er – sie – es.**

_____   _____   _____

Wo oder Wohin?

_____

_____

_____

_____

Fülle die Lücken aus: **der – die – die – die – das – das – dem – ein – eine – einem – sie – sie – es.**

_____ Seife liegt neben _____ Föhn. _____ duftet nach

Vanille. _____ Mädchen hat _____ Haarbürste.

_____ Haarbürste ist braun. _____ liegt neben _____ Kamm.

_____ Junge hat _____ Duschgel. _____ Duschgel riecht gut.

_____ riecht besser als _____ Zahncreme.